人を動かす原則

レス・ギブリン／弓場 隆［訳］

THE ART OF DEALING WITH PEOPLE
BY LES GIBLIN

Discover

——人を動かすということは表面的なものではなく、
一般原則にもとづく確固たる技術である。
私たちが暮らすこの社会では、
他人のことを考慮しなければ、
成功や幸福を手に入れることはできない。

レス・ギブリン

The Art of Dealing With People
By
Les Giblin

人を動かす原則

人を動かす原則　目次

第3部 言葉や振る舞いで人を動かす

第１部

人間関係で最も重要な「自尊心」を学ぶ

1

人間関係には技術が必要だ

成功と幸福の秘訣は、円満な人間関係にある

すべての人は人生でふたつのものを求めている。

すなわち、成功と幸福である。

もちろん人はみな違うし、成功に対する考え方も人それぞれだ。しかし、成功と幸福を手に入れたいなら、すべての人が学ばなければならないことがある。それは人間関係の技術だ。

人間関係の技術をしっかり身につければ、どんな仕事でも成功への道の85％とプライベートでの幸せの約99％に到達することができる。

単に周囲と仲よくやっていく、というだけでは十分でない。大切なのは、相手

の自尊心を傷つけずに双方が満足感を得られるような人間関係を築くことだ。これこそが本物の成功と幸福を手に入れる人間関係の唯一の秘訣である。

９割の人々が人生で失敗する理由は、円満な人間関係を築くことができないからだ。周囲を見渡してみよう。最も成功しているのは、最も頭がいい人や最も高度な技術を持った人たちだろうか。人生を最も楽しんでいる幸せな人たちは、それ以外の人たちよりも知能が高いのだろうか。

少し考えてみれば、最も成功していて最も人生を楽しんでいるのは、人間関係の技術にたけた人たちであることがわかるはずだ。

人々が抱える本当の問題の多くは、人間関係に起因している。

自意識過剰で劣等感にさいなまれ、他人とうまく打ち解けられない人は大勢いるが、彼らは自分の本当の問題が人間関係に起因していることに気づいていない。少なくとも表面的には、内気で引っ込み思案の人の正反対のように見える人も同じくらいたくさんいる。彼らは家庭でも職場でも押しが強く、その場を取り仕切ろうとするタイプだ。

そういった人々も、自分に何かが欠けていることに気づいている。彼らはなぜ家族や部下が自分に感謝してくれていないのか不思議に思い、心の奥底で「なぜいつも無理やり言うことを聞かせなければならないのか」と、戸惑いを感じているのだ。

また、彼らはとりわけ、自分を最も評価してほしい人たちが、自分を承認して受け入れてくれないことに不満を感じている。その結果、彼らは協力や忠誠や友情を強制し、周囲の人が尽くしてくれるように躍起になっているのだ。

しかし残念なことに、彼らが強制できない唯一のこととは、彼らが最も求めているもの——つまり、自分を好いてくれること——なのである。**人と打ち解けられない人々は、いつまでたっても求めているものを手に入れることができない。**なぜなら、人間関係の技術をマスターしていないからだ。

——人間関係には確固たる技術がある

最も成功している医者、弁護士、セールスパーソンが、最も知的だったり最も優れた技能を持っていたりするとはかぎらないし、最も幸せな夫婦が美男美女というわけではない。

仕事であれプライベートであれ、うまくいっている人の共通点は、人間関係の技術、人との接し方を心得ているということだ。

基本的な一般原則を理解して実践するという点で、人間関係の技術は他のどんな分野の技術とも似ている。あなたは何をすべきかだけでなく、なぜそれをするのかを知らなければならない。

根本的な原理にかぎり、人間の本性はみな同じである。

もちろん、あなたが人生で出会う人はみな違っているが、だからといって、一人ひとりのニーズに合わせるために小手先のテクニックを学んでも仕方がない。

人を動かすということは表面的なものではなく、一般原則にもとづく確固たる技術である。だから本質をつかまずに、いくら小手先のテクニックを駆使したところで、成果を得ることはできないのである。

私たちが暮らすこの社会では、他人のことを考慮しなければ、成功や幸福を手根本的な原理にかぎり、人間の本性はみな同じである。

に入れることはできない。

本書の目的は、人間の本性の理解にもとづく知識をあなたに伝授することである。つまり、人々の行動原理をよく知ることだ。この方法がいかに効果的かは、人間関係に関する私のセミナーを受講した数万人によって実証されている。

これは、人とどのようにかかわるべきかについての私の単なる持論ではなく、人とかかわるときには、ぜひとも心得ておかなければならないことなのだ。人とうまくやっていくと同時に自分がほしいものを手に入れたいなら、これは不可欠である。

たしかに、誰もが成功と幸福を手に入れたいと思っていることだろう。しかし、自分がほしいものを与えるように相手に強制するやり方ではうまくいかない。遠い昔ならそんな時代もあったのかもしれないが、今はもうそういう時代ではない。

あるいは、媚びへつらって助けを乞うやり方も好ましくない。「どうか哀れな私を好きになってください」と言わんばかりの卑屈な態度を示す人に好意を持つ人はいない。

成功と幸福を手に入れるための正攻法は、人間関係の技術を身につけることである。ぜひ本書を読み進めて学んでほしい。

POINT

人間の本性を理解することが、人を動かす第一歩だ。

2

相手の自尊心を満たすことを心がける

――他人の自尊心をけっして傷つけてはいけない

自尊心は誰にとっても非常に重要なものだから、人間は自尊心を傷つけるものに対して必死で防御しようとする。

自尊心は単なるプライドではなく人間の尊厳にかかわる重大な要素であり、**すべての人の心の中には「自分を大切に扱ってほしい」という強い願望が秘められている。**

だから、もし他人をぞんざいに扱ったら、やっかいなことになる。他人の自尊心を傷つけるようなことをしても何の得にもならないのだ。

すべての人が重要な存在であることを覚えておこう。

人はみな侵すべからざる権利を持ち、人間としての価値を持って生まれていることを認識すれば、すぐれた人間関係の技術をマスターすることができる。

――人間の本性に関する４つの真実を心に銘じる

1　人はみな自分本位である

2　人はみな他の何よりも自分に興味がある。

3　人はみな自分が重要な存在であると感じたがっている。

4　人はみな承認欲求を満たすために他人に認めてほしいと思っている。

人はみな、自分の自尊心を満たしたいと思っている。

自分の自尊心がある程度満たされて初めて自分のことを忘れ、他のことに意識を向ける余裕が生まれる。自分を好きになることができた人たちだけが、他人に対して友好的で寛容な精神を発揮することができるのである。

――自尊心が低いと自己中心的になる

従来、自己中心的な人の問題点は自己評価が高すぎることだと考えられていた。だから、もしその人たちの自己評価を下げれば、問題が解決すると思われていた。

しかし、そういうやりにくい人たちの自己評価を下げたところで、功を奏しなかった。なぜなら、その人たちは敵意をむき出しにし、ますますやりにくくなってしまったからだ。

このやり方が功を奏しなかった理由は単純明快である。じつは、**自己中心的で自惚れの強い人たちは自尊心が高すぎるのではなく低すぎるのだ。**

自分と折り合いをつければ、他人と折り合いをつけることができる。自分がより好きになれば、他の人たちもより好きになることができる。自分に対する強い不満を解消することができれば、他人に対して批判的でなくなり大らかな気持ちで接することができる。

自分の自尊心を満たしたいという願望は、自分の空腹を満たしたいという願望と同じくらい自然で普遍的である。自分の自尊心を満たすことは、自分の肉体に栄養を与えることと同じ目的を果たす。それは「自己保存」である。

自尊心が満たされないと気持ちがささくれ立つ。自尊心を胃袋にたとえると、人々の行動パターンがすぐに理解できる。1日に3食しっかり食べている人は胃袋についてあまり考えない。

ところが1日か2日、何も食べずに過ごしたら、性格に変化が現れる。それまで穏やかだった人が急に気難しくなり、イライラして人にがみがみ言うようになる。空腹であることを気にするなと本人に言っても効果はない。その人の気分を直す唯一の方法は、食料を与えることである。基本的な欲求を満たすための本能がすべての人に与えられているから、空腹な人は食欲を満たして初めて他のことに意識を向けることができるのだ。

自己中心的な人についてもまったく同じことが言える。

そういう人に自分のことばかり考えるなと叱っても効果がない。自尊心が満たされるまで自分のことを忘れることはできないからだ。自尊心が満たされて初めて、彼らは自分のことを忘れて他人のことに意識を向けることができる。

人々が仲よくやっていけるのは、お互いの自尊心が高いレベルにあるときである。自尊心が高い人は明るくて心が広く、他人の考え方にすすんで耳を傾ける。自分の基本的なニーズを満たしたから、他人のニーズのことを考える余裕があるのだ。そういう人は精神的に安定しているから、自分が間違っていることを認めることができる。批判や侮辱に対しても冷静に受け流すことができる。なぜなら、そんなことぐらいでは自尊心は揺らがないからだ。

組織のトップにいる人は下っ端の人よりもたいてい扱いやすいことは、よく知られているとおりだ。第１次世界大戦のさなかに兵士が「おい、そこのおまえ、マッチの火を消せ」と怒鳴りつけたとき、たばこに火をつけていたのは、かの有名なジョン・パーシング将軍だった。兵士がしどろもどろになって謝ろうとしたとき、将軍は「俺は少尉みたいに威張らないから安心しろ」と言った。

大人物と小人物を比べると、何かを言われたら小人物はすぐに感情的になるのに対し、大人物はいつもどっしりと構えているものだ。

――相手の自尊心を高めることで問題は解決する

自尊心が低いと、ちょっとしたことでも不安材料になるし、少し厳しいことを言われるだけで大惨事のように思える。何気ない発言の中に嫌味や皮肉を感じ取る過敏な人は、自尊心が低いために苦しんでいる。その一方で、やたらと自慢をしたり見せびらかしたりする人も同じ問題を抱えているのが実情だ。

他人の低い自尊心によって引き起こされる事態にうまく対処するためには、その人が自分を好きになるように手伝ってあげればいい。

傲慢な人があなたを押さえつけようとするとき、ふたつのことを思い出せば、その行動を理解することができる。

まず、その人はあなたをこき下ろすことによって、自分の自尊心を高めようと必死でもがいているのだ。

次に、その人は恐れている。誰かに少し批判されただけで、すでに非常に低い状態にある自尊心が壊滅的な被害を受けてしまうのだ。当人にしてみれば、自尊心が攻撃されているかどうか確証が持てなくても、それを大目に見ている余裕はない。その人にとって自分を守る唯一の方法は、自分の自尊心が傷つく前に相手を攻撃することなのだ。

だから、そういう人をこき下ろして火に油を注ぐようなことをしてはいけない。辛らつな意見を言ったり口論をしたりするのは控えよう。あなたが「勝利」を収めたところで、その人の自尊心を傷つけるだけで、よりいっそう扱いにくくなるだけである。

相手の自尊心を満たすことを心がけよう。

そうすれば、相手は心を落ち着けて、敵意をむき出しにしたり小言を言ったりしなくなる。このやり方は気難しい人に対してだけでなく誰に対しても効果がある。単なるお世辞ではなく心のこもった称賛の言葉をかけてその人の自尊心を満たせば、誰もが心を開いて理解を示し、協力的になってくれる。だから相手の長所を探して、その人を誠実な気持ちでほめよう。

毎日、少なくとも5回は心のこもったほめ言葉を投げかける習慣を身につけ、人間関係がどれだけ円満になるかを観察しよう。

人々が仲よくやっていけるのは、お互いの自尊心が高いレベルにあるときである。

相手が自分を好きになるのを手伝ってあげよう。ただし、それを上から目線でやってはいけない。そんなことをすれば、相手はあなたの高飛車な態度に反感を抱くだけだ。

――自尊心を高めれば、人は動く

人間関係の第一のルールとは、「**人間はたいてい自分の自尊心を満たすために行動する**」ということである。誰かを説得しようとして、論理や理屈では限界があると感じたら、相手の自尊心を満たすようなやり方を試すといい。

数年前、私が大会開催中の都市に出張したときのことである。

仕事が予期せぬ展開となったため、現地で一晩滞在するために、よく使っているホテルへ予約なしで行った。大勢の人をかき分けてフロントで部屋を借りようとしたところ、その受付係は顔見知りだった。

「申し訳ございません」と彼は言った。「お越しになることを事前にお知らせいただければよかったのですが、この状況ではどうしようもありません」

「困りましたね」と伝えたあと、私はこう言った。

「**私にはあなただけが頼りなのです。部屋が見つからないなら、今日はあきらめて近くの公園で野宿するしかありません**」

すると彼は「事情はよくわかりました」とうなずき、そしてこう言ったのだ。

「30分ほどお待ちください。私がなんとかいたしましょう」

彼はふと、会議に使う小さな部屋が空いていて、そこに予備のベッドを搬入すれば寝室として使えることを思いついた。

こうして私はその部屋で一泊することができ、彼は「頼りになる存在」であることを証明したことで達成感を得て自尊心を満たすことができた。

相手が自尊心を満たすのを手伝ってあげれば、相手は喜んであなたの手伝いをしたくなるものだ。

POINT

誰もが自尊心を満たしたいと思っている。自尊心を高めることで人を動かすことができる。

——すべての人を大切に扱えば、
必ずよい人間関係を築くことができる。

ヘンリー・カイザー（アメリカの実業家）

第2部

相手を受け入れ、価値を高める

3

人を惹きつける方法

周囲の人を惹きつける3つの方法

友人や顧客を自然に惹きつける人は誰の周りにもいる。彼らはすべての人に共通する基本的な願望を満たす3つの方法を熟知しているのだ。では、その方法を紹介しよう。

1 相手を受け入れる

相手を改心させる力を持っている人はいない。しかし、あなたは相手をあるがままに受け入れることによって、「相手が自分を変える力」を与えることができる。

相手をあるがままに受け入れ、自分らしく振る舞う自由を与えよう。「好いてほしいなら、完璧になれ」とか「受け入れてほしいなら、自分を変えろ」などとあなたは相手をあるがままに、受け入れることによって、「相手が自分を変える力」を与えることができる。

主張してはいけない。**相手のあら探しをし、その欠点を直すための対策を提示する人は、絶対に友人をつくることができない。**

相手を受け入れる人は、相手の振る舞いを改善させる大きな影響力を持つ。

2 相手を承認する

これは相手を受け入れることよりも範囲が広い話だ。

そもそも、相手を受け入れることには、比較的ネガティブなニュアンスが含まれている。

それは「相手に欠点があるにもかかわらず受け入れて友情を育む」という意味だからだ。相手を承認することは、よりポジティブなニュアンスの行為であると言える。なぜなら、単に相手の欠点を許容するのを超えて、好きな部分を見つけるという意味だからだ。

あなたは相手の中に承認すべきことをつねに見つけだすことができる。

それはささいなことかもしれないが、それを承認していることを相手に伝えよう。そうすれば、相手の中に承認していることの数は増えていく。

あなたの承認を感じ取れば、相手は行動パターンを徐々に変えて、他のことも承認してもらおうとする。ほめてもらうと、人間は成長するものなのだ。

3 相手を高く評価する

相手が自分にとってどれほど大切な存在であるかを少し考えてみよう。妻、夫、子ども、社長、上司、部下、顧客、などなど。その人たちの価値を心の中で確認し、自分がその人たちを大切に思っていることを伝える方法を見つけよう。その方法をいくつか紹介する。

1　相手を待たせない

2　すぐに会えないなら、相手の存在を確認していることを伝える

3　相手に感謝の意を表する

4　相手を特別な存在として扱う

最後の項目は重要なので補足する必要がある。

ありきたりの扱いをすることほど、相手の自尊心を傷つけるものはない。誰もが自分の価値を認めてほしいと思っていることを肝に銘じる必要がある。

ここで、花から教訓を得よう。

花は受粉するためにミツバチを必要としているから、ミツバチを惹きつけるために数滴の蜜を提供する。

花とミツバチの関係のように、魅力的な性格を持っている人は、自分を認めてほしいという人々の切実な願いを満たすために配慮する。

人々を惹きつけるために、この公式を活用しよう。

POINT

自分を認めてほしいという切実な願いを満たす人の周りには、多くの人が集まる。

4

相手に「自己重要感」を与える

――人々は「自己重要感」を満たしたがっている

すべての人は人間関係で大きな力を秘めている。しかし残念なことに、あまりにも多くの人がその力を出し惜しんでいるのが実情だ。自分がそういう力を持っていることにすら気づいていない人も少なくない。

その力とは何か？　興味深い事実を指摘しよう。

あなたは他人に自己重要感を与える力を持っている。

人間関係を好転させる最速の方法は、この大きな力を発揮することである。それは無料だし、いくら使っても枯渇しない。

ただし、その力を悪用したり、見返りを求めたりしてはいけない。相手から何が得られるかを心配する必要はない。見返りを期待せずに善行を積めば、それはいつか必ず何倍にもなって返ってくるからだ。

相手が成功者や有名人だからといって、もう重要感を持たせる必要はないと思ってはいけない。礼節やマナーの目的は、自分の価値を感じたいという人間の普遍的な欲求を満たすことである。だから礼節やマナーは、相手に重要感を持たせるための素晴らしい方法なのだ。

人はみな自分が重要な存在だと感じたがっている。言い換えると、地位や肩書に関係なく、誰もが自己重要感を満たしてほしいと思っているということだ。

実際、私たちが必要としているのは、自分が重要な存在だと実感するのを他人に手伝ってもらうことである。つまり、私たちは他人の助けを借りて自分の人間としての価値を確認したいのだ。**誰からも価値のない存在として扱われると、私たちは自分の価値を感じることができず、人間としての尊厳を保てなくなる。**

だからこそ、一見ささいなように見えることが、人間関係では非常に大きな意味を持つのだ。

その代表例として、人々が離婚理由としてよく挙げる言葉を紹介しよう。

「夫は人前で私をバカにして楽しんでいる」

「妻は私の食事より猫のエサを優先している」

こんな理由はささいなことのように見えるが、何度も繰り返すと、「私はあなたのことを重要な存在だと思っていない」というメッセージを相手に伝えることになる。

「爆発の原因になるのは小さな火花だ」という格言を肝に銘じよう。ふだんのちょっとした言動が積もり積もると大きな火種になりかねないのである。

地位や肩書に関係なく、
誰もが自己重要感を
満たしてほしいと思っている。

相手の重要性を認める

政府は外交交渉で「相手国の重要性を認める」という言い方をよくする。私たちはその教訓をふだんの人間関係に応用すべきだ。

たとえば、上司と部下の関係について考えてみよう。部下のあいだで不満の原因になるのは次の7項目である。

どの項目をとっても、部下が自分の重要性を認めてもらっていないと感じていることに注目してほしい。

1　提案しても評価してもらえない
2　不満を言っても解決してくれない
3　励ましてくれない
4　人前で注意されて恥をかかされる
5　意見を求めてくれない
6　進捗状況を教えてくれない
7　えこひいきをする

相手に重要感を持たせる4つの方法

1 相手が重要な存在だと心から思う

最初のルールは最も簡単に実践できる。

それは、相手が重要な存在であることを自分に言い聞かせることだ。そうすれば、あなたの思いはおのずと相手に伝わる。さらに、これによって小手先のテクニックの必要性を排除し、誠実さにもとづく人間関係を築くことができる。

相手を取るに足らない存在だと心の中で思っているかぎり、相手に重要感を持たせることはできない。

2 相手に注目する

あなたが相手を見るとき、自分にとって重要なことだけしか見ていないという事実について考えたことがあるだろうか。相手をよく見ているつもりでも、見ているのはほんの一部なのである。つまり、あなたは自分にとって重要なことだけを選んで見ているのだ。

たとえば、同じ道を歩く5人は、それぞれ5つの異なるところに注目するだろう。なぜなら、人によって興味の対象が違うからだ。

そんな中で、もし誰かが自分に気づいてくれたら、自分の重要性を認めてもらえたと感じ、やる気がわいてくる。そして、より友好的で協力的になり、より頑張って働くようになる。

相手がグループのときは、全員に注目することを心がけよう。

3 相手と競い合わない

この方法を実行するには多少の規律を必要とする。なぜなら、あなたは人間であり、他のすべての人と同様、自己重要感を満たしたいと思っているからだ。しかし、それが裏目に出ないように気をつけなければならない。

基本的には、すべての人が自己重要感を満たしたいと思っていて、自分の存在価値を他人に認めてほしいと思っている。

私たちは他人とかかわるとき、つねに自分の重要性を相手にアピールしようとする。それは、意識的であれ無意識的であれ、相手に好印象を与えたいと思っているからだ。

これは人間の本性であり、それ自体は中立的である。だからその活用の仕方次第で自分の利益にも不利益にもなる。ちょうどナイフを使ってパンにバターを塗相手を取るに足らない存在だと心の中で思っているかぎり、相手に重要感を持たせることはできない。

ることもできれば、相手のノドを切りつけることもできるのと同じだ。

もし誰かがすごいことを成し遂げたことをアピールすると、私たちは「それは大したことがない」と言わんばかりに、自分がもっとすごいことを成し遂げたことをアピールする。もし誰かが面白い話をすると、私たちはもっと面白い話をしようとする。

たいていの場合、私たちは自分の重要性を相手にアピールすることばかり考えている。しかしその結果、自分をより大きく見せるために相手にみじめな思いをさせてしまいやすい。

この問題を克服するのに役立つシンプルなルールを紹介しよう。

他人に好印象を与えたいなら、相手に感銘を与えようとするのではなく、相手に感銘を受けたことを伝えるのが最も効果的な方法だ。

つまり、自分の素晴らしさを認めてもらおうとするのではなく、相手の素晴らしさを認めることが大切なのだ。

相手の素晴らしさを認めていることをアピールすれば、相手はあなたに好印象を抱き、「なんて利口で素敵な人だ」と思う。しかし、自分の素晴らしさをアピールすれば、相手はあなたに悪印象を抱き、「なんて愚かでつまらない人だ」と思う。

4　「間違いを指摘することが適切なのか」を考える

たいていの場合、私たちが相手の間違いを指摘するとき、その目的は事実を明確にすることではなく、相手のプライドを傷つけてでも自分の自己重要感を満たすことである。

「相手が正しいか間違っているかは本当に重要か」と自分に問いかけよう。相手のプライドを犠牲にしてまで、ささいなことで勝とうとしてはいけない。自分のプライドを満たすために小さな勝利を得ても、相手のプライドを傷つけると大きな損失をこうむることになる。

POINT

相手に自己重要感を与え、
相手の素晴らしさを認めよう。

5

影響力を活用する

誰もが他人をコントロールする力を持っている

あなたも、催眠術師が神秘的な力で他人の行為と態度をコントロールする様子を見たことがあるだろう。

じつは、私たちも催眠術師と同じようなことを実際にしていると言えば、あなたは驚くかもしれない。もちろん私たちは催眠術師ではないが、他人を何らかのかたちでコントロールしていることは確かなのだ。

ここで問いを投げかけたい。

それは、**あなたはその影響力を活用するのか悪用するのか、自分に利益か不利益のどちらをもたらすようにするのか**、ということだ。

私たちはみな、周囲の人の行為と態度に影響を与えて、コントロールする力を持っている。にもかかわらず、多くの人はその力を自分のために役立てるより、むしろ自分の足を引っ張るかたちで使ってしまっていることが多いというのが実態である。

だから、もし他人から無礼な扱いを受けるなら、多くの場合、どんなにそれが不当なものであったとしても、実は、あなた自身がそのような扱いを求める振る舞いをしていたと言える。

したがって、あなたは他人に対して、自分がそうしてもらいたいような行為や態度を心がける必要があるのだ。

この理論を実行に移すと、驚異的な成果をあげることができる。なぜなら、誰もが自分がとるべき行動をとりたがるからだ。私たちは自分の前におぜん立てされた舞台で一定の役割を演じる。つまり良くも悪くも、私たちの心の中には「他人の思いにこたえたい」という無意識の衝動がある。

私たちはふだんの人間関係で、自分の態度が相手の態度に反映されているのを見る。まるで鏡の前に立っているように、自分がほほ笑むと相手もほほ笑むし、自分がしかめ面をすると、相手もしかめ面をする。自分が怒鳴ると、相手も怒鳴り返す。

人々はかならず、他人の行為や態度に合わせて、反応したり対応したりするものである。

私たちの心の中には
「他人の思いにこたえたい」という
無意識の衝動がある。

この原理を知れば、他人の感情を驚くほど巧みにコントロールすることができる。たとえば、もし今にも口論になりそうな状況に遭遇したら、自分の声の調子を下げてソフトにしてみよう。そうすれば、相手も自分の声を抑えざるを得なくなる。

あなたが自分の声をソフトにしているかぎり、相手は感情的になって怒ることはできない。このテクニックを使えば、相手の怒りを鎮めることができる。

熱意は相手に伝染しやすい。

熱意のなさも同様である。自分が熱意を持っていないかぎり、相手に何かを売ることはけっしてできない。

そして、自信は信頼を生む。自分の熱意で相手の熱意をかき立てることができるのと同様、自信満々に振る舞うことで相手の信頼をかき立てることができる。

平凡な才能しか持っていない人が、自信満々に振る舞う方法を知っているという理由で、卓越した才能を持っている人より大きな成果をあげることがよくあるのは、紛れもない事実なのである。

偉大なリーダーはみな、このことをよく知っている。

たとえば、ナポレオンは最初の亡命時に自分を捕まえにきたフランス軍に勇敢に立ち向かった。彼は軍隊が自分の命令に従うと期待しているかのように自信満々に振る舞うことによって、兵士たちを意のままに手なずけた。

ジョン・ロックフェラーも同じテクニックを使った。

彼が設立したスタンダード石油（現エクソン）の借入金を全額返済するよう債権者から求められたとき、ロックフェラーは小切手帳をこれ見よがしに取り出し、

「現金か当社の株券か、どちらにしますか?」と尋ねた。

彼はたいへん冷静で自信にあふれていたので、大半の債権者が株券を選択し、それを後悔することはなかった。もしあなたが自分を信じ、そのように振る舞うなら、相手もあなたを信じるのである。

――どんな態度が人を惹きつけるのか

今日から自信にあふれた情熱的な振る舞いをしよう。

自信はさりげないかたちで表れる傾向がある。自信について分析したことはないかもしれないが、人はみなさりげないかたちで他人を判断している。

今日から自信にあふれた
情熱的な振る舞いをしよう。

1 自分の体の姿勢に気をつける

もし誰かがうなだれながら歩いているのを見たら、あなたはその人が耐えがたい重荷を背負っていると考えるはずだ。おそらく失意と絶望という重荷を背負っているのだろう。**心が沈んでいると体の姿勢も沈みがちになる。**うつむきかげんで目が死んでいると、その人が悲観していることがわかる。歩き方もどことなくおどおどしていて、おびえている様子が伝わってくる。一方、自信のある人は堂々と胸を張って歩く。背筋を伸ばし、目は前を向いて目標を見すえ、それを達成するという確信にあふれている。

2 声の調子を加減する

私たちは他のどんな方法よりも声によって自分を表現する。声は最も高度に発達したコミュニケーションの手段なのだ。声は単に考え方を伝えるだけではなく、自分についての感情をあらわにする。**自分の声を聞いてみよう。それは絶望と希望のどちらを表現しているだろうか。**不平を言う習慣がしみついていないだろうか。自信に満ちた声で話しているか、口ごもりながらぼそぼそと話しているか、どちらだろうか。

3 笑顔の魔法を使う

心のこもった本物の笑顔を見ると、相手は親近感を抱く。

もちろん、つくり笑顔ではなく、内面からわき出るような笑顔でなければならない。誰もが素晴らしい笑顔を見せることができる。笑顔を見せていないなら、それは、銀行に100万ドルの預金があるのに、まったく引き出さないようなものである。

人々によりよい振る舞いをさせる唯一の方法は、チャーチルのアドバイスに従うことだ。すなわち、「**他人に美徳を身につけさせる最善の方法は、その美徳をすでに持っていることを本人に知らせることだ**」というアドバイスである。

信頼に値する相手だと思っていることを伝えると、相手は信頼にこたえてくれる。相手に恥をかかせたり、おどしたり、説教したりすることによって相手を更生させようとしても、めったにうまくいかない。

それどころか、たいてい問題は深刻化する。完全にいい人や悪い人はいない。人はみな性格的にさまざまな側面を持っている。私たちが相手に見せる側面は、相手が私たちから引き出した側面だ。相手の善良で寛容な側面を引き出すコミュニケーションの工夫をしよう。

自分の体の姿勢に気をつけよう。胸を張って堂々とし、これから大切な場所に行くかのように自信にあふれた足どりで歩こう。

POINT

自らの振る舞いは、良くも悪くも相手に影響する。
自分が堂々と振る舞えば、
相手も信じてくれるようになる。

第3部

言葉や振る舞いで人を動かす

6

話す力を磨く

——うまくいっている人は言葉を巧みに使いこなす

成功者に共通しているのは、言葉を使いこなす技術を持っていることだ。**稼ぐ力と言葉を使いこなす技術は密接に結びついているので、言葉を使いこなす技術を磨けば、収入を増やすことができる。**

幸福もまた、言葉を使いこなす技術に大きく左右される。

具体的には、願望や希望を上手に伝える能力である。多くの人が幸福を手に入れることができないのは、自分をうまく表現できずに思考や感情を内に秘めたままにするからだ。

他人とうまくコミュニケーションがとれないなら、ハンディキャップを背負って生きているようなものだ。素晴らしいアイデアを持っているのに、それを伝えられないなら、宝の持ち腐れである。

心理学者のウィリアム・ジェームズは的を射たことを言っている。

「多くの人が会話下手なのは、つまらないことや明らかなことや不誠実なことを言ったり、状況にふさわしくないことを口走ったりするのを恐れているからだ」

他人とうまくコミュニケーションをとるためのポイントを紹介しよう。

1 完璧主義をやめる

いつも相手を魅了するような会話ができる人はいないのだから、常に完璧でなくてもいいと割り切ろう。

2 すごい雑談をする必要はない

誰もがたわいのない雑談をする。雑談は会話をはずませるために有効である。それに気づいて、たわいのない雑談を恐れなくなれば、どんな人とでも会話を始められるようになる。肩の力を抜けば、興味深い話や印象深い話ができるようになって驚くかもしれない。

3 ウォーミングアップをする

会話を始めるときはウォーミングアップをする必要がある。

いきなり会話が盛り上がることを期待してはいけない。雑談から会話が始まることもあるし、それによって相手も打ち解けてくれる。

4 相手に自分について話をさせる

誰かを紹介されたときに何を言っていいかわからなければ、「どちらのご出身ですか?」「どんな仕事をされているのですか?」「今日の天気はどうですか?」といった質問をしてみよう。

これらの質問は相手が自分について話すきっかけになり、あなたが相手に興味を持っていることを伝えることができる。共通の関心事を探す必要はない。相手が最もよく知っているテーマである「自分自身」についての話題から会話を始めればいいのだ。

会話上手になる秘訣は、利口そうなことや勇ましい体験談を披露することではなく、相手に打ち解けた状態で話をさせる雰囲気をつくることである。

相手が話しやすいように刺激を与えるなら、会話上手という評判を得ることができる。相手に話させることができれば、相手はあなたに心を開いて考えを受け入れてくれる。

5 相手の興味をひく質問をする

誰かと会話をするときは、つねに相手の興味をひく質問をしよう。

たとえば、もし相手が「私は地元のインディアナ州に25エーカーの土地を所有している」と言ったなら、「私はテキサス州に500エーカーの土地を所有している」と豪語するのではなく、「インディアナ州のどのあたりですか？　いつごろからその土地を所有しているのですか？」と謙虚な気持ちで尋ねよう。こういう質問をすると、相手はあなたに好感を抱いてくれるようになる。

人間は生まれつき利己的であり、自分自身のことに最も興味を示すものだ。だから、相手に興味を示せば、相手もあなたに興味を示すようになる。

自分の仕事について延々と話をして「私のことはこれぐらいにして、あなたのことについて話をしましょう。私の演劇についてはどう思いましたか？」と尋ねた劇作家を見習ってはいけない。

人間関係で犯してはいけない間違いがある。それは、相手を軽んじることだ。

あなたも人間だから、自分について話したくなるのは当然だ。

あなたは相手に好印象を持ってほしいと思っている。しかし、**自分のことより相手のことに焦点をあてたほうがあなたの評価は高くなる。**

そこで、「自分がこの状況で何を求めているのか？」と自問しよう。

自分のプライドを満たしたいのか、相手の承認や善意を得たいのか、どちらだろうか。もし自分のプライドを満たしたいなら、自分のことばかり話し続ければいいが、それではたぶん何も得られない。

6 頼まれたときだけ自分について話す

たしかに講演家は自分のことについて話すが、彼らはそうするように期待されているし、聴衆は話を聞きたがっている。事前に広告を出して会場を借りているのでないかぎり、人々はわざわざあなたの話を聞こうとしない。

もし相手があなたに興味を持っているなら「話をしてほしい」と頼んでくるはずだ。その場合は自分について少し話せばいいが、話しすぎてはいけない。相手の質問に答えたら、すぐにスポットライトを相手にあてよう。

人間関係で犯してはいけない
間違いがある。
それは、相手を軽んじることだ。

自分について話すもうひとつのタイミングは、相手が言ったことと関連していることを言うときである。

もし相手が「私は農家で育った」と言ったら、「じつは、私もそうです」と言い、自分の体験談を少し話して相手とのつながりをつくろう。そうすることによって、「私も同じ意見だ」「私もそれが好きだ」という気持ちを伝えることができる。

相手との共通点を強調すると、相手はあなたを好きになる。

私たちは自分に賛成してくれる人を好きになり、自分に反対する人を嫌いになる。反対の態度をとる人は、私たちの自尊心を脅かす存在なのだ。賛成の態度をとると、相手が自尊心を高めるのを手伝うことができる。

たとえ反対しなければならないことがあっても、賛成できることをつねに探そう。どんなに小さくても共通点が見つかれば、反対していることについて歩み寄ることがずっとたやすくなる。

7 楽しいことについて話す

悲観的に考えたり、自分の問題についてたえず不平を言ったりする人は、相手に好印象を与えることはできない。

問題を抱えているなら、カウンセラーや親友に相談しよう。それ以外の人には自分の問題を打ち明けないほうがいい。たとえば病気や怪我の話がそうだ。悩みを話したところで問題が解決するどころか、退屈な人という印象を与えて厄介者扱いされるだけだ。

8 自分に手紙を書く

もやもやしている思いがあって、それを軽減したいなら、自分に手紙を書いてみるといい。自分の気持ちを正直に書こう。自分がどんなふうにひどい扱いを受けたかを克明に記し、世の中がいかに理不尽であるかを文章で表現するのだ。そして、書き終わったら、その手紙を破って捨ててしまおう。

あなたは胸のつかえをおろしてスッとしたのだから、手紙の役割はもう終わった。**自分に手紙を書いたことで、他人に話を聞いてもらう必要をもうあまり感じなくなっているはずだ。**

ときには手紙を書く作業を2回も3回も繰り返す必要があるかもしれない。しかし、いったんそれをすれば、あなたはもうそれについて考えることもなく、まして や それを誰かに話したいとも思わなくなるだろう。

9 相手をからかったり皮肉を言ったりする衝動を抑える

ほとんどの人は相手をからかったら、相手がそれを楽しんでくれると思い込んでいる。一部の人は、配偶者を人前でからかうのは愛情の証しだと勘違いしている。第三者がいる前で夫が妻をバカにするようなことを言い、妻が夫を見くびるようなことを言うのがそうだ。多くの人は自分を利口だと思ってほしくて他人に皮肉を言う。

しかし、**からかったり皮肉を言ったりすると、相手の自尊心を傷つけるおそれがある。**たとえ冗談でも相手の自尊心を傷つけるのは危険なことだ。

長い付き合いで気心が知れているなら、やりすぎないかぎり、相手をからかっても問題は起きないかもしれない。しかし、その確率はあまりにも低いので、そんなリスクはとらないほうが無難である。

以上のことを肝に銘じてコミュニケーションの技術に磨きをかけよう。
毎日それを実践すれば、やがてそれは習慣になる。

POINT

相手を思いやってコミュニケーションをとることこそが、
成功と幸福への近道である。

7

相手の話をじっくり聞く

――人間関係がうまくいく人は聞き上手である

相手の気持ちを察しながら話をじっくり聞くことこそが、人との友情を育むためのおそらく最も有効な手立てである。

あなたは誰かと会って別れた後で「思うように会話がはずまなかった」と感じ、「自分の考えになびいてくれるようにするにはどう言えばよかったのだろう?」と思うことがあるかもしれない。

あなたが成果を得られなかったのは、何かを言ったからとか言わなかったから、という問題ではなく、相手の話をじっくり聞かなかったからだ。

相手の話をじっくり聞くと賢く見える。

ほとんどの人は自分が賢いと思われたがっている。しかし、そのための最も確実な方法は、自分の知識をひけらかすことではなく、相手の話をじっくり聞くことなのだ。そうすることによって相手に重要感を持たせることができるから、相手はあなたが非常に賢い人だと確信する。

自分の友人や知人について考えてみよう。**聡明で知的だという評判を得ているのは誰だろうか。相手の話をさえぎって自分の主張をする人と、相手の話をじっくり聞く人か、どちらだろうか。**

話に耳を傾ければ、相手は何がほしいかを教えてくれる。相手が何をほしがっているかわからないのに、やみくもに何かをしてもうまくいかない。

自動車メーカーは車を設計する前に大衆が何をほしがっているかを聞き出し、人々のニーズに適切に対応する。

人間関係もそれと同じだ。

よい人間関係は双方向のコミュニケーションによって、ギブアンドテイクの関係が成り立っている。相手が何をほしがっているか、どう感じているかがわからないなら、相手と気持ちが通じ合わないし、そのままでは相手を動かすこともできない。

成功者は自分の口を閉じて相手に話をさせるように持っていく。

話しすぎると手の内を読まれる。自分の手の内を読まれないようにして相手の立場や状況を見極めるべき状況が時おり発生する。その場合、相手が知っていることを探り出すことが重要だ。話をじっくり聞けば、自分の手の内を明かすことなく必要な情報が得られる。

成功者は自分の口を閉じて相手に
話をさせるように持っていく。

思う存分に話をさせれば、相手は本音を隠すことができない。どんなに気をつけていても、人間はついつい本音をしゃべってしまうものなのだ。

だから**もし相手に自分の本音を悟られたくなければ、口を閉じて相手の話に耳を傾ければいい。**もしあなたが話し続ければ、相手はあなたの本音を見抜いてしまうことだろう。

相手の話に集中すれば、自意識過剰を克服できる。

声のトーンやイントネーションを含めて相手の話にじっくり耳を傾けると、自分のことばかり考える傾向を抑えることができる。相手に焦点をあてて相手の求めているものを探り出すと、自意識過剰になることはなくなる。

自意識過剰になっているかぎり、相手とうまくかかわることはできない。もちろん自分のことを考えることは間違っていないが、自分のことばかり考えると人間関係に支障をきたす。

相手とうまくかかわるためには、相手が何を欲していて、何を必要としているのかを見極めなければならない。あなたは注意深く、辛抱強く、共感しながら相手の話に耳を傾ける必要がある。

あなたが相手に贈ることができる最高の賛辞のひとつは、相手の話をじっくり聞くことだ。あなたは相手の自尊心を高めることができる。なぜなら、誰もが自分の話は聞いてもらう価値があると思っているからだ。相手の自尊心を傷つけることのひとつは、相手の話をさえぎることである。人々は自分の話を最後までちゃんと聞いてほしいと思っているのだ。

相手の話をじっくり聞くための7つの技術

1 話し手の目を見る

話を聞く価値がある人は、その人の目を見る価値がある。さらに、そうすることによって相手の話に集中するのに役立つ。

2 興味を持っている素振りを見せる

相手の意見に賛成しているなら、うなずこう。面白かったら、ほほ笑もう。

3 相手のほうに身を乗り出す

人々は興味深い話し手には身を乗り出し、退屈な話し手からは身を遠ざけようとする傾向がある。

4　適切な質問をする

そうすることで、相手は話を聞いてもらっていることを確信することができる。

5　相手の話をさえぎらずにもっと話してもらう

人々は最後までじっくり話をさせてもらうと嬉しい気分になる。「その点はたいへん興味深いので、もっと話してもらえませんか？」と言えば、相手をさらに惹きつけることができる。

6　話し手の話題に付き合う

どんなに別の話をしたくなっても、いきなり勝手に話題を変えてはいけない。

どうしても話題を変えたいなら、「別の話題になりますが」と前置きをしよう。

7 自分の主張を理解してもらうために相手の言葉を引用する

相手が指摘した点のいくつかを繰り返す。

そうすることによって、相手の話をよく聞いている証しになるし、相手の心理的な抵抗を弱めて自分の主張をしやすくなる。自分が話す前に「今おっしゃったように」とか「ご指摘のとおり」と前置きをしよう。

POINT

相手の言葉に耳を傾けるだけで、相手はあなたを認めてくれる。

8

相手を上手に説得する

説得とは、プレッシャーをかけることではない

私たちは日常生活の中で、自分の意見を相手に受け入れてもらうために説得する必要のある状況をたびたび経験する。

意見の相違は配偶者や子ども、上司、部下、顧客とのあいだに生じやすい。そんなときはついつい口論になりがちだが、そういう事態を避けて、相手をうまく説得する技術を身につけなければならない。

誰かが反対意見を述べると、私たちは自尊心を傷つけられたと感じる。そこで感情的になり、敵意をむき出しにして自分の考えを相手に押しつけたりする。あるいは、自分の考えの正しさを誇張し、相手の考えを罵倒したりする。

だが、こんなやり方では勝利を得ることはできない。

議論に勝つ唯一の方法は、相手に考えを変えてもらうことだ。

自分の考えを相手に受け入れてもらうための秘訣を紹介しよう。

その秘訣とは、究極的に本書のテーマでもある。


人を動かしたいなら、人間の本性に逆らうのではなく、人間の本性に合ったやり方を選択しなければならない。


もしも相手に対して「そんな考えは馬鹿げている」などと言おうものなら、相手はそれを必死になって正当化しようとする。

相手の立場を批判すると、相手は面子を保たなければならない。

脅迫めいた言い方をすると、相手はあなたの考えが正しいと内心思っていても頑なに心を閉ざしてしまう。

人間の最強の本能のひとつは「自己保存」である。

つまり、自分の肉体と精神を守ることだ。私たちは自分を守るために、どの考えを受け入れるかに慎重を期す。だから自分の信念に反する考えには耳を貸そうとしない。

自分の考えを受け入れてほしいなら、相手の潜在意識に働きかけなければならない。なぜなら、**潜在意識が受け入れないかぎり、人々は他人の考えを本気で受け入れないからだ。**

ここで、ある格言を紹介しよう。

それは「意に反する考えを押しつけられても、その人の考えは変わらない」という言葉だ。

——格言

意に反する考えを
押しつけられても、
その人の考えは変わらない。

この格言は、「顕在意識で考えを受け入れても、本心は違う」ということを教えてくれる。その人は口先では「はい、わかりました」と言って賛同しているように見せかけるだけで、心の中ではその考えを受け入れていない。

自分の考えを相手の潜在意識によって受け入れさせる唯一の方法は、暗示の力を使うことである。なるべく気づかれないように相手の潜在意識に自分の考えを「忍び込ませる」のだ。

相手の自尊心を傷つけないように自分の考えを忍び込ませることに成功する度合いに応じて議論に勝つ見込みが大きくなる。人間の自尊心は潜在意識の入口をつねにガードしているから、入口でもめてしまうと、相手の考えを受け入れまいとするのだ。

議論に勝つための6つのルール

1 相手に自分の考えを述べさせる

相手の話をさえぎらず、じっくり耳を傾けよう。言いたいことがある人は、それを話そうと心に決めている。だから、話し終えるまでは他人の考えに耳を貸す心の準備ができていない。**もし自分の考えを聞いてほしいなら、まず相手の考えを聞くことを心がけよう。**

主張の要点を繰り返すように求めると、精神的に動揺している相手には非常に効果的である。そうやって思いを吐き出させると、反感や敵意を弱めることができるからだ。

2 答える前に間を置く

お互いの意見の食い違いがないとき、これもまた非常に効果的である。なんらかの質問をされたら、相手の目を見て、答える前に少し間を置こう。そうすることによって、相手の言ったことを十分に考慮していることを伝えることができる。

大切なのは、ほんの少し間を置くことだ。ただし、あまり間延びしてしまうと、ためらっていたり責任逃れをしたりしている印象を与えてしまう。

反対意見を述べなければならないときも少し間を置くことが非常に重要である。すぐに反論すると、相手の主張について十分に考慮していないような印象を与えかねない。

3 100%勝とうとしてはいけない

誰かと議論するとき、ほとんどの人は自分が完全に正しくて、相手が絶対に間違っていることを証明しようと躍起になる。しかし、説得の達人はつねに少し譲歩して、相手の意見に賛同できる点を見つける。

相手の主張に少しでも賛同できる部分があるなら、それを認めよう。ささいな点を譲歩すると、相手は大きな点について譲歩してくれる可能性が高くなる。

4 自分の意見を謙虚かつ正確に述べる

私たちは自分の意見に反対されると取り乱す傾向があるが、これは要注意だ。事実を冷静に述べることは、相手に意見を変えさせる最も効果的な方法である。

強引な手法は最初のうちは効果があるように見える。しかし、相手はあなたの意見を受け入れておらず、それにもとづいて行動しようとはしない。

5 第三者を通じて自分の主張をする

訴訟に勝ちたいと思っている弁護士は、証言者を使って陪審団の賛同を得ようとする。利害関係のない第三者が出来事を描写すると議論は説得力を増すのだ。あるいは、セールスパーソンは満足している顧客の意見を紹介し、選挙の立候補者は有力者に応援演説を依頼する。

この方法は、意見の食い違いがあって誰かに代弁してほしいときにとくに大きな効果を発揮する。

あなたが自分に有利なように主張を一方的に展開すると、人々は疑いの目を向けやすい。しかし、第三者の意見なら疑念を抱かせずに、すんなりと受け入れてもらいやすい。統計や記録、過去の歴史、引用なども効果的である。

6 相手の面子を保つ

相手がすんなりと意見を変えることができない場合がある。そんなことをすると、自分が間違っていたことを認めざるを得なくなるからだ。

説得の達人は、相手が面子を保ったまま意見を変えることができるように配慮する。つまり、相手が恥をかかずに自分の従来の主張を曲げられるように逃げ道をつくってあげるのだ。

まず、相手が事実関係をすべて把握していなかった、ということにする。たとえば、「私も最初は同じようにこちらが正しいと感じていたのですが、あとでこの情報を入手して考えが変わりました」と言うと効果的だ。

次に、「新たな情報を踏まえて検討し直しましょう」などと言って、今の考えを変えることは間違いではないということをそれとなく提案しよう。

POINT

議論とは相手をねじ伏せることではない。自分と同じ考えに「なってもらう」ことである。

9

心をこめてほめる

ほめ言葉が人間関係を円滑にする

ほめられるとエネルギーがわき上がる。心をこめてほめられたり、お礼を言われたりすると、誰でもたちまち気分が高揚するはずだ。

ほめ言葉はポジティブなエネルギーを相手に与える。落ち込んでいても、意欲がわいてきて生き生きする。ほめられて気分が高揚するのは幻想ではない。現実にエネルギーが生まれるのだ。

この時点で、あなたは「ほめ言葉が人間関係とどんなつながりがあるのか？」と思っているかもしれない。その疑問に答えよう。ほめ言葉と人間関係は非常に密接なつながりがあるのだ。

他人の仕事ぶりを認めてほめることの大切さを理解している人は意外と少ない。

ほめ言葉はポジティブなエネルギーを相手に与える。

世界中のすべての人が自分を認めてほめてほしいと願っている。人々が求めているものを与えると、彼らは私たちが求めているものを喜んで与えてくれる可能性がはるかに高くなる。

毎日、「小さな奇跡」を起こそう

相手の気分を高揚させたり、エネルギーを吹き込んだりするたびに、あなたは小さな奇跡を起こしている。

それはいたってシンプルである。**毎日、心をこめて誰かをほめて、その人がよりよく振る舞うのを観察すればいいのだ。**適切な方法で正直にほめれば、人々は気分をよくしてより生産的に働くようになる。会社への貢献を認めるために成果にもとづいて賞与が与えられると、生産性は上がる。

ほめるために、誰かが大きなことやいつもと違うことをするまで待つ必要はない。相手がちょっとした親切をしてくれたら、それに対して感謝の念を表して「ありがとう」と言えばいいのだ。

人に感謝できることを探そう。
優しい言葉を口に出して言おう。
そして、自分の気持ちを相手に伝えよう。

自分が感謝していることを言わなくても相手はわかってくれていると思ってはいけない。相手の行為に感謝していることを伝えると、相手はあなたのためにもっとしてあげたくなるものだ。

感謝の心を伝える６つのルール

1 誠実な気持ちで言う

感謝の言葉を本気で言おう。それにエネルギーを注入しよう。無造作ではなく、通り一遍でもなく、特別な気持ちで言おう。

2 もぐもぐ言うのではなく、はっきり言う

相手に感謝の心を伝えることを恥じているような素振りではよくない。

3 相手の名前を言う

相手の名前を言いながら感謝の心を伝えよう。相手がグループの場合は「みな

さん、ありがとう」ではなく、一人一人の名前を言うことが大切だ。

4　相手の目を見る

相手が感謝するにふさわしい人なら、その人の目を見よう。

5　感謝するための努力をする

感謝したいことを探す努力を意識的に開始しよう。

6　相手が最も予想していないときに感謝する

相手が予想していないときや感謝されるに値しないと感じているときに「ありがとう」と言うと効果が増す。

相手の長所を意図的に探すと、自分の幸福感を高めることができる。

相手の長所を探していると、自分のことばかり考えなくなる。自意識過剰になったり独りよがりになったりせず、寛容の精神を発揮して相手に理解を示すことができる。

不幸な人の特徴のひとつは、何に対しても過度に批判的なことだ。彼らは他人のあら探しをすることに躍起になる。しかし、他人の長所を探すように態度を改めると、彼ら自身の幸福感が増す。

完璧な人はいない。

しかし、誰もが立派な長所を持っている。

あなたをイライラさせる人がいるなら、その人のほめるべき点を探そう。短所に見えることでも、見方を変えれば長所になる。たとえば、行動が遅い人は慎重な人であり、せっかちな人は行動力がある人だという見方もできる。だからそれをほめればいいのだ。

相手のほめるべき点をつねに探そう。それによって相手に対する印象が変わる。

相手をほめるときの注意点

1 誠実な気持ちでなければならない

単なるお世辞では見え透いていて効果的ではない。ほめるに値することは探せば必ず見つかる。大きなことを不誠実な気持ちでほめるより、小さなことでも誠実な気持ちでほめるほうがずっといい。

2 相手を具体的にほめる

相手を漠然とほめるのではなく、相手の資質や行為をほめよう。そうすれば、ほめ言葉が具体的になり、相手に誠意が伝わる。相手は自分が何をほめられているかを正確に把握することができる。

毎日、心をこめて5回ほめると、自分の幸福感が高まり、心の平和が得られるはずだ。

POINT

ほめ言葉には相手の振る舞いを変える力がある。つねに前向きなエネルギーを相手に与えよう。

10

上手に注意を与える

相手を注意する方法を工夫する

人間関係で犯しがちな間違いのひとつは、他人の自尊心を傷つけて自分の自尊心を高めようとすることだ。

「あなたのためを思って言っている」と言うとき、実際はたいていそうではない。自分のプライドを満たすために相手の非を指摘しているだけである。

もちろん、一緒に働いている人たちの間違いを指摘しなければならないこともある。正しいやり方ですれば効果があるが、そのやり方をマスターしている人は意外と少ない。

相手に注意を与えるときの効果的な方法はあまり知られておらず、ほとんどの人はそれがうまくできないために、「人を注意する」という表現自体がいやな響

人間関係で犯しがちな
間違いのひとつは、
他人の自尊心を傷つけて
自分の自尊心を
高めようとすることだ。

きを持っているのが実情だ。

相手に注意を与える本当の目的は相手をこき下ろすことではなく、相手をよりよくすることである。言い換えると、相手の気持ちを傷つけることではなく、相手がよりよい仕事をするように指導することが目的なのだ。

これからその方法を紹介しよう。

1 相手を注意するときは完全に二人きりでする

もし相手に注意を与えて効果を得たいなら、相手の自尊心を傷つけないように配慮する必要がある。

あなたの目標は相手の自尊心を傷つけることではなく、一定の成果をあげることだということを忘れてはいけない。たとえあなたが純粋な動機を持ち、正しい気持ちで行動していても、大切なのは相手がどう感じるかだ。第三者がいる場所でほんの少し注意するだけでも反感を買うおそれがある。人前で注意されると、正当性があってもなくても、相手は面子を失ってしまうのである。

このルールを守っているかどうかが、相手に注意を与えるときのあなたの動機を判別する材料になる。もし守れていないなら、あなたの本当の動機は相手を助けることではなく、自分が満足感を得ることである。

2 相手を注意する前にほめ言葉で前置きする

ほめ言葉には友好的な雰囲気をつくる作用がある。相手を落ち着かせることができるから、警戒心を解くことができる。ほめ言葉を聞くと、相手は心を開き、注意に耳を傾ける準備を整える。

3 個人攻撃をしない

あくまでも相手の行為に注意を与えるようにして、相手の人格を攻撃してはいけない。ここでも相手の自尊心を傷つけないように配慮する必要がある。相手の特定の行為だけを指摘すると同時に相手の自尊心を高めることを心がけよう。たとえば、「これまでの経験からすると、こんな間違いをするなんて君らしくない」というように相手をそれとなく持ち上げると効果的である。

4 答えを用意する

相手の間違いを指摘するとき、どうすればいいかという答えを示そう。相手の間違いを強調することではなく、それを是正して再発の防止につなげることが目的だ。最もよくある不平のひとつは、「自分に何が求められているのかわからない」である。ほとんどの人は「どうすればいいか」を教えてもらえれば、それを実行しようとするものだ。

5 協力を要請するのではなく依頼する

要請するより依頼するほうがつねに協力を得やすい。「これを仕上げてくれ。今回はちゃんとしろよ」よりも「ここを修正してもらえないだろうか」と言ったほうが、反感を買わずに相手の協力をスムーズに得ることができる。要望を押しつけるよりも自発的にそうしたいと相手に思わせるほうが効果的である。

6 注意するのは1回に1度にする

相手の間違いを注意するのは1回に1度だけにすべきだ。2回も同じ注意をする必要はない。3回も同じ注意をするのはしつこい。注意をする目的は、相手が課題を成し遂げるのを手伝うためであり、自分が勝って満足するためではない。

過去のことを蒸し返しそうになったら、くどくどと言うのは効果的ではないことを思い出そう。

7 友好的な雰囲気で終える

友好的な雰囲気で問題が解決するまで作業は終わらない。

中途半端なかたちで処理してはいけない。完全に問題を解決してから終わりにしよう。「君を信頼している」と言って話し合いを終えると効果的である。

POINT

自尊心を傷つけるような注意の仕方ではなく、相手をよりよい方向に導くような注意の仕方を心がける。

――相手を心から信頼すれば、
誠意を尽くしてくれる。

ラルフ・ウォルド・エマーソン（アメリカの思想家）

おわりに

本書で得た成果は、
ぜひあなた自身に書いてほしい。

本書を書き始めたとき、私には目的があった。
人間関係を改善し、より大きな幸福と成功を手に入れるのを手伝うことだ。
あなたがその目標を達成するまで、本書は終わらない。
本書の原理を実践すれば、幸福と成功を手に入れることができる。
あなたの幸運を祈る。

レス・ギブリン

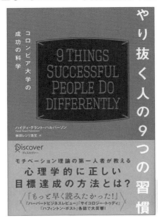

人を動かす原則

発行日　2017年12月15日　第1刷

Author　レス・ギブリン
Translator　弓場　隆

Book Designer　西垂水敦・坂川朱音（krran）

Publication　株式会社ディスカヴァー・トゥエンティワン
〒102-0093　東京都千代田区平河町2-16-1 平河町森タワー11F
TEL　03-3237-8321（代表）
FAX　03-3237-8323
http://www.d21.co.jp

Publisher　干場弓子
Editor　藤田浩芳　塔下太朗

Marketing Group
Staff　小田孝文　井筒浩　千葉潤子　飯田智樹　佐藤昌幸　谷口奈緒美
古矢薫　蛯原昇　安永智洋　鍋田匠伴　榊原僚　佐竹祐哉
廣内悠理　梅本翔太　田中姫菜　橋本莉奈　川島理　庄司知世
谷中卓　小田木もも

Productive Group
Staff　千葉正幸　原典宏　林秀樹　三谷祐一　大山聡子　大竹朝子
堀部直人　林拓馬　松石悠　木下智尋　渡辺基志

E-Business Group
Staff　松原史与志　中澤泰宏　伊東佑真　牧野類

Global & Public Relations Group
Staff　郭迪　田中亜紀　杉田彰子　倉田華　李瑋玲

Operations & Accounting Group
Staff　山中麻吏　吉澤道子　小関勝則　西川なつか　奥田千晶
池田望　福永友紀

Assistant Staff　俵敬子　町田加奈子　丸山香織　小林里美　井澤徳子　藤井多穂子
藤井かおり　葛目美枝子　伊藤香　常徳すみ　鈴木洋子　内山典子
石橋佐知子　伊藤由美　押切芽生　小川弘代　越野志絵良
林玉緒　小木曽礼丈

Proofreader　株式会社鷗来堂
DTP　東京カラーフォト・プロセス株式会社
Printing　三省堂印刷株式会社

ISBN978-4-7993-2200-0